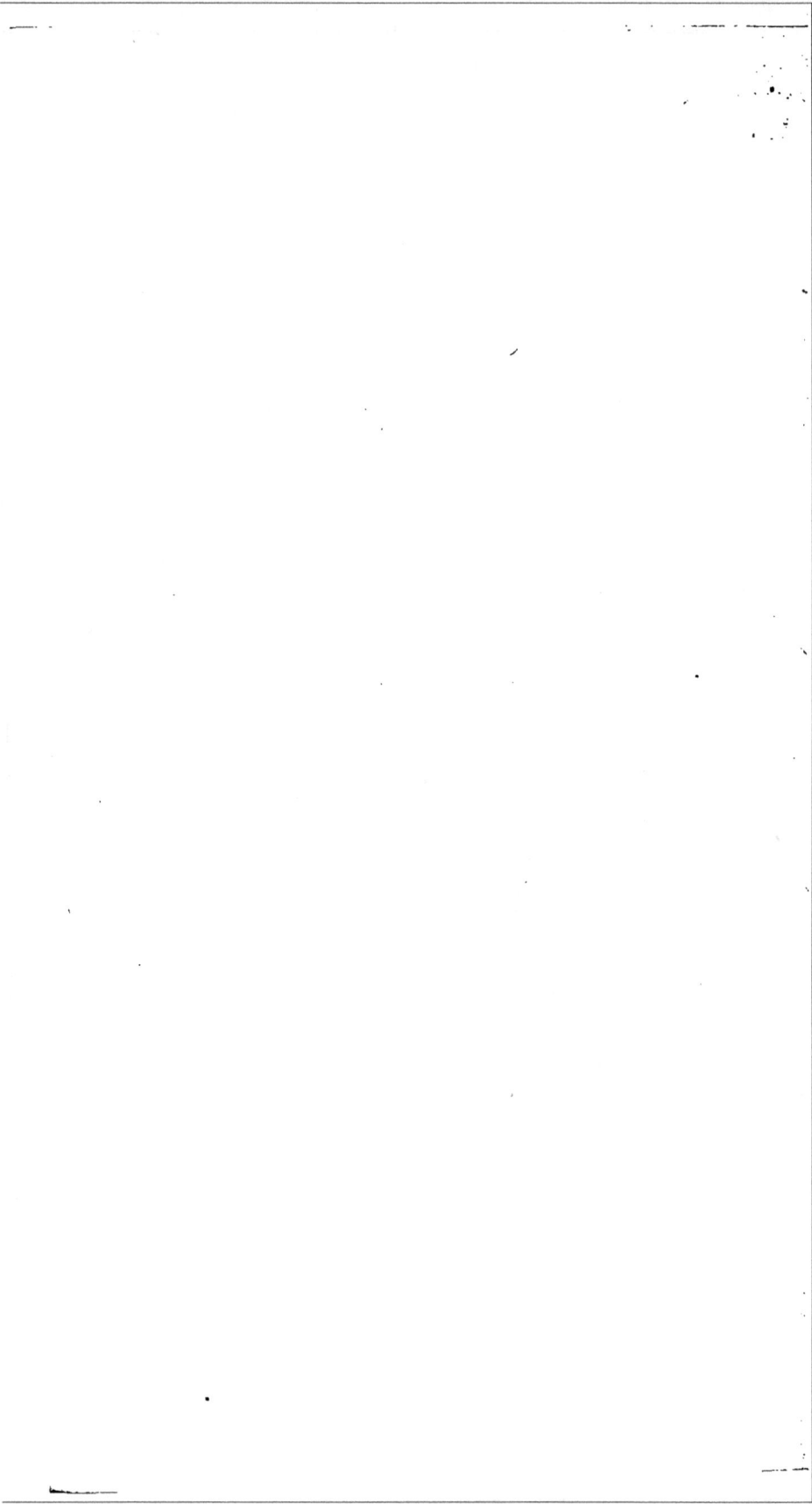

Société d'Agriculture de la Haute-Garonne

NOTICE

SUR

M. AUGUSTE DE LALÈNE-LAPRADE

Membre et ancien trésorier de la Société d'Agriculture de la Haute-Garonne

Par M. MARTEGOUTE, membre de la Société

TOULOUSE
IMPRIMERIE DOULADOURE-PRIVAT
Rue Saint-Rome, 39

1880

Société d'Agriculture de la Haute-Garonne

NOTICE

SUR

M. Auguste de LALÈNE-LAPRADE

Membre et ancien trésorier de la Société d'Agriculture de la Haute-Garonne

Par M. MARTÉGOUTE, membre de la Société

MESSIEURS,

L'antique institution municipale du capitoulat, dont l'histoire de Toulouse s'honore à tant de titres, conférait la noblesse aux hommes de la haute bourgeoisie que leur notoriété avait fait élever à cette dignité : nobiliaire particulier où se trouvent inscrits pour ainsi parler les blasons d'origine de la plupart de nos familles d'élite. C'est là que l'on rencontre par deux fois, en 1562 et en 1570, le nom d'un Guilhaume de Lalène, capitoul de la Daurade, le premier des aïeux connus d'Auguste de Lalène-Laprade, le confrère distingué dont je vais avoir l'honneur de rappeler ici la vie, ainsi que les travaux qui en ont marqué le cours.

Mais la famille de Lalène, en s'éloignant par descendance du capitoul du seizième siècle, ajoute dans le siècle suivant la noblesse des armes à ses titres d'origine. A partir de 1688 jusque vers la fin du dix-huitième siècle, les de Lalène comptent à plusieurs reprises dans les compagnies des cadets gentilshommes et dans les gardes du corps ; sou-

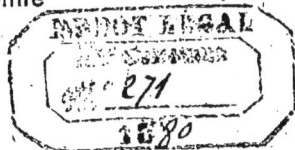

vent ils occupent des emplois d'ordre supérieur; quelques-uns font partie des chevaliers de Saint-Louis. Enfin, lors des guerres de la Révolution, on les retrouve en nombre, tous officiers, dans ces troupes royales qui formèrent le fonds de solidité des nouvelles armées qui allaient vaincre l'Europe.

C'est de l'un d'eux Guilhaume de Lalène-Laprade, commandant d'infanterie, que naquit Auguste de Lalène-Laprade en avril 1800. Il reçut en naissant le surnom de *Laprade*, que son père avait pris pour se distinguer de deux de ses frères officiers comme lui dans le même régiment. Ayant perdu son père en 1813, il entre l'année suivante encore enfant dans un régiment de ligne comme volontaire; et de grade en grade, il devient officier lors de l'expédition d'Espagne, en 1823.

Là s'est arrêtée sa carrière militaire. En garnison à Xérès en Andalousie, il avait épousé la fille de l'un des grands propriétaires de vignobles de la contrée, Mlle Guttièrez del Valle, après avoir donné sa démission, condition exigée pour le mariage.

Les années du séjour qu'il fit à Xérès, au sein de sa nouvelle famille, n'ont pas été perdues pour son avenir. Il y contracta le goût de la culture de la vigne, qui sera plus tard l'une des principales occupations de sa vie agricole.

Aussi, dès son retour en France, après la mort des parents de sa femme, son premier soin est-il d'acquérir un domaine propre à cette culture. Ce fut le domaine de Goubart, près de Toulouse, sur lequel bientôt, dans le concours des vignobles de 1839, l'une de vos récompenses vint l'encourager à ses débuts. Trois ans après, vous l'avez admis au nombre de vos membres non-résidants : première étape, en termes militaires, pour atteindre en 1844 au titre de membre résidant, sur lequel il avait d'ailleurs pris déjà droit de conquête, par un bon mémoire sur les moyens économiques d'amender la vigne.

A partir de ce moment et dans une période d'une vingtaine d'années, M de Lalène va prendre rang dans vos annales parmi les membres de la Société qui ont souvent et le mieux écrit.

De la culture économique de la vigne, le même ordre d'idées le conduit, dans un nouveau mémoire, à la recherche des moyens de diminuer le prix de revient de diverses opérations agricoles. Là où il s'arrête le plus, c'est à déterminer la quantité de grains dont l'épargne serait possible dans les emblavures. Il conclut à l'épargne sur les terrains riches et s'y oppose sur les terrains pauvres.

Les diverses questions relatives aux semailles de blé sur défrichement de trèfle ont été agitées dans plusieurs mémoires lus dans vos réunions de 1845 et de 1846. Un travail des plus remarquables de M. Flavien de Pous les avait précédés en 1843. Le système dont il avait fait ressortir les avantages était celui qu'avait déjà préconisé Mathieu de Dombasle, l'ensemencement sur un seul labour de défrichement. Mais des objections tirées également de l'expérience s'étaient élevées en un sens opposé. M. de Lalène prit part aux débats. Ennemi des systèmes exclusifs, il ne s'était laissé prendre à aucun d'eux, et aussi, sa parole fut-elle écoutée plus que toute autre, parce qu'elle n'exprimait que des faits bien constatés sans parti pris d'avance.

Plus tard, deux mémoires de M. de Lalène ont eu la vigne pour objet. Dans l'un, véritable traité des applications de la greffe, il en signale les meilleurs usages. Dans l'autre, il fait connaitre les systèmes de culture de la vigne et de la fabrication du vin à Xérès. Personne n'avait plus de droit que lui de vous en dire les merveilles; ayant habité la localité pendant plus de huit années et avec les qualités d'esprit d'observation qu'il possédait, M. de Lalène avait dû tout voir et tout apprécier.

De cette étude dont le sujet était emprunté à l'une des plus belles contrées de l'Europe méridionale et vers laquelle le souvenir de ses jeunes années l'avait pour ainsi dire ramené, la destinée conduisit M. de Lalène au déclin de la vie dans la Flandre française où l'attendait un sujet d'études bien différent. Sur les trois fils qu'il avait eus de son mariage et qui tous les trois avaient embrassé la carrière militaire, les deux survivants retirés du service venaient de s'établir au Quesnoy, en s'alliant à une même famille par un double mariage. L'occasion dans ses visites auprès d'eux lui fit concevoir son remarquable aperçu sur l'*Agriculture du Nord de la France*, l'un de ses meilleurs écrits. Mais, ainsi qu'il en avait agi envers les vignobles de Xérès, malgré toutes leurs séductions, notre judicieux confrère ne s'est jamais laissé aller à conseiller l'imitation des prodiges qu'il raconte de l'industrie agricole du Nord. Il a simplement tiré de ce qu'il a vu, de ce qu'il a le plus admiré, la meilleure des leçons en agriculture comparée : « Que chaque pays en fait de progrès ne doit en appeler qu'à lui-même, c'est-à-dire aux conditions qui lui sont naturelles, comme étant les plus favorables. »

Le dernier mémoire d'économie rurale proprement dite de M. de Lalène a pour titre : « *De l'association du capital et du travail en agriculture.* » Un changement de propriété donna lieu à cette composition. Le nouveau domaine, du nom de Labarte, dans le canton de Léguevin, était d'une conduite compliquée, difficile. Notre confrère y fit l'application d'un ingénieux système de faire-valoir. Ce système consistait dans la participation des maîtres-valets aux pertes et aux profits du domaine, s'appliquant suivant certaines proportions à chacune des diverses branches de la production. Le résultat d'une telle combinaison a eu pour effet chez M. de Lalène de faire, de simples ouvriers indifférents, des associés indirects du propriétaire, ayant le zèle empressé de l'intérêt personnel.

L'agriculture ne suffisait pas à elle seule à la nature d'esprit de notre confrère. Les questions d'économie publique l'attirèrent de leur côté : ce fut d'abord, comme transition, un exposé de quelques changements qu'il croyait désirables dans la loi du 21 mai 1836, en ce qui touche aux prestations en nature et à leur emploi. Une autre fois, en votre nom, comme rapporteur d'une commission, il s'élève, au sujet de l'importation temporaire des blés étrangers en franchise de droits pour la mouture, contre un décret du 14 janvier 1850 qui venait de supprimer l'obligation de les faire ressortir à l'état de farine par le port d'introduction; il suffisait au commerce, pour remplir la condition de sortie, d'expédier une même quantité de farine d'un lieu quelconque dans une tout autre région. De là, l'exportation et ses avantages pour d'autres contrées; et pour la nôtre, l'importation avec ses encombrements. Votre cause fut néanmoins perdue, malgré vos instances deux fois renouvelées et malgré le talent du rapporteur.

Presque à la même époque, mais cette fois en son propre nom, M. de Lalène s'opposa à l'établissement d'un impôt sur es créances hypothécaires. Personne ne fit mieux que lui ; il le devait à des études d'économie financière, qu'il avait eu occasion de faire auparavant. Ce même fonds de connaissances a pu lui permettre ensuite d'aborder une question des plus difficiles, celle des Sociétés de crédit foncier. Dans trois mémoires qui se succèdent, il se livre à un examen approfondi des divers systèmes adoptés en 1852 par décrets des 28 février, 28 mars et 10 décembre. Après en avoir sondé les orignes, il se demande, à l'égard de chaque système, quels pourraient en être les avantages et les inconvénients. Il ne tarde pas à repousser les combinaisons édictées par les deux premiers décrets; ces combinaisons d'origine étrangère et sorties d'un milieu économique qui n'est pas celui de la France, ne pouvaient à ses yeux lui convenir. Mais, s'arrêtant au décret du 10 décembre qui venait de transformer la Banque foncière de Paris en Crédit foncier de France, avec succursale dans le chef-lieu de chaque cour d'appel, il en approuve les dispositions ; et avec autant de mesure que de force, il les défend contre les attaques dont elles étaient l'objet. La centralisation lui paraît préférable au morcellement en institutions distinctes et séparées, les capitaux et le crédit s'accumulant dans les grands centres.

La carrière agricole et les travaux d'économie politique de M. de Lalène ont pris fin vers l'année 1870. Il n'en est pas resté moins fidèle à vos réunions, et à votre tour, vous lui donnâtes à cette époque une nouvelle preuve d'estime en le nommant trésorier de la Société. Vous savez combien sa sollicitude pour vos intérêts fut grande dans l'exercice de cette fonction.

Mais bientôt, M. de Lalène fut frappé par des pertes cruelles, la mort d'un fils au retour d'une guerre, celle de Mme de Lalène après de longues souffrances et celle de sa plus jeune fille, ange adoré qui remplaçait sa mère auprès de lui. La Providence qui veille à côté de la douleur vint à son secours. Il retrouva dans Mme Troy, sa fille aînée, et dans M. Paul Troy, son gendre, les consolations les plus tendres, les plus dévouées. Ses fils étaient loin de lui avec leurs jeunes familles, bien loin, à l'autre extrémité de la France.

Il allait néanmoins les voir tous les deux ans, faisant ainsi deux parts de son existence, là où il était également aimé, entre Toulouse et le Quesnoy.

Dans ce va-et-vient d'une affection à l'autre, chaque résidence avait des attraits particuliers pour son esprit à la fois cultivé et singulièrement épris de ce qui tient à l'honneur. A Toulouse ou bien dans l'Ariège au temps des vacances, c'était la société charmante et chérie de Mme Troy, les travaux de culture de M. Troy à visiter dans la montagne, ses écrits si remarquables sur des sujets d'économie publique ou pastorale à lire et à relire plus d'une fois... Au Quesnoy, c'étaient ses deux fils qui l'attendaient, ses fils, dignes représentants de la race toute militaire dont il sont descendus : Joseph et Eugène de Lalène (1) qui, s'arrachant à leurs familles et prenant les armes lors de nos désastres, avaient combattu sous le général Faidherbe, le premier lieutenant-colonel, le second chef de bataillon, au 47e régiment de marche, régiment cité deux fois à l'ordre du jour de l'armée.

M. de Lalène en était à ses quatre-vingts ans, quand il vous demanda, en décembre 1879, de le relever de ses fonctions de trésorier. Vous vîtes avec tristesse dans cette démarche comme un pressentiment chez lui d'une fin prochaine. Vous ne vous étiez point trompés, l'évènement est arrivé peu de jours après ; le 1er janvier suivant, M. de Lalène terminait une existence utile et honorée, avec calme, avec sérénité, et le cœur tout entier aux divines espérances.

(1) M. Joseph de Lalène, officier de la Légion d'honneur ; M. Eugène de Lalène, chevalier.

Toulouse, imp. Douladoure-Privat.

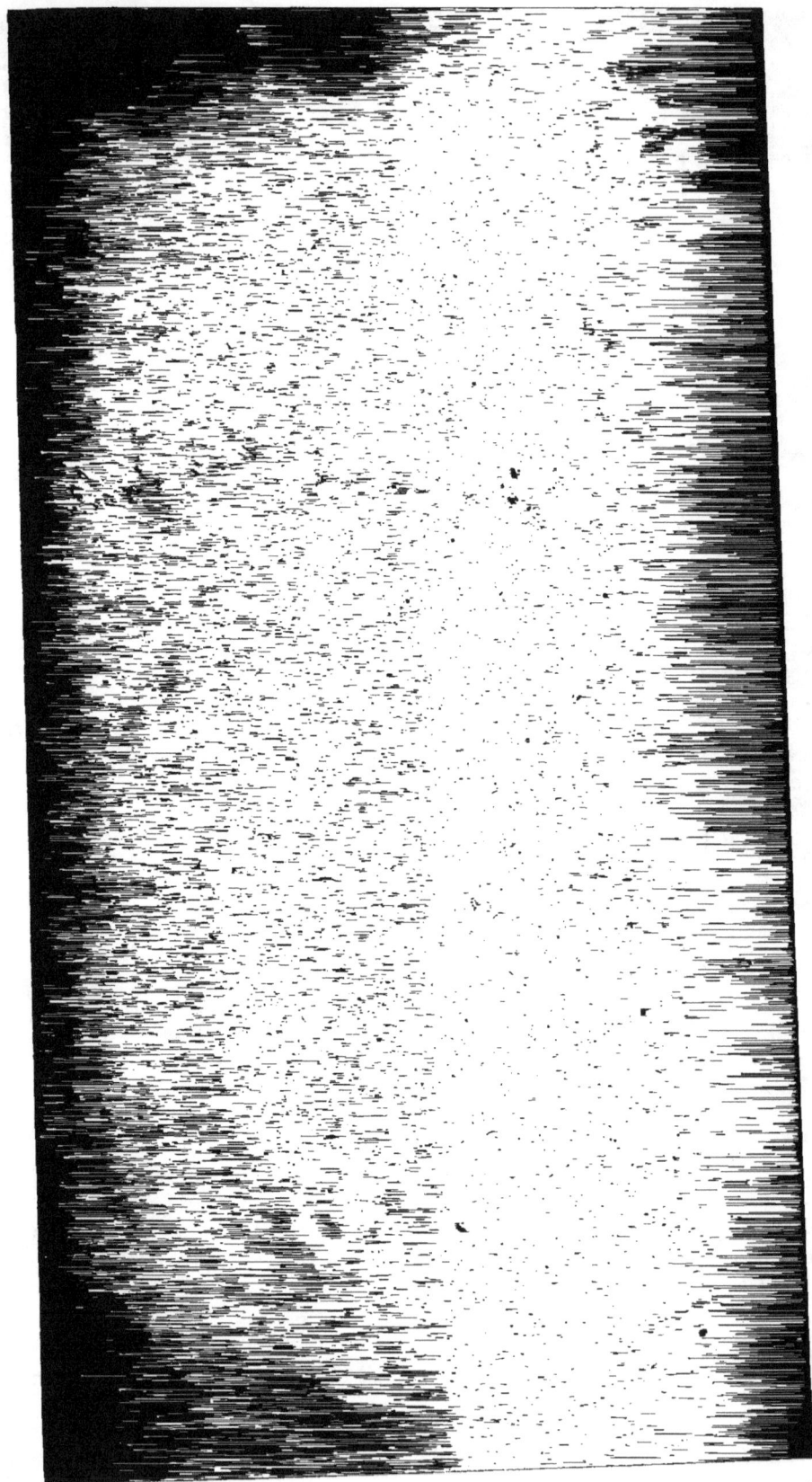

www.ingramcontent.com/pod-product-compliance
Lightning Source LLC
Chambersburg PA
CBHW061807040426
42447CB00011B/2525